900한자 쓰기교본

學而思

머 리 말

생각이 깊은 사람은 진심이 통하는 날로부터 허물 수 없는 견고한 친함이 싹튼다. 또, 생각이 깊은 사람은 현실에만 목매이지 않고 내일을 계획하고 준비하며, 미래를 내다보고 의미 있는 씨앗을 뿌린다. 준비한 사람만이 그것을 거두어들일 때 역시 묵직하고 탐스럽게 익은 과일처럼 겸허할 수 있을 것이다.

입시가 중요하다고하여, 입시에 필수적인 과목들이라 하여 그것에만 얽매인다는 것은 결코 바람직한 교육의 방향은 아닐 것이다. 현실에서는 목표가 입시에 있다할지라도 부수적인 것이 필수적으로 작용되는 경우가 많이 있기 때문이다. 그래서 관심과 열의를 입시라는 우물 안에만 담아두는 일은 바람직하지 못한 것이다.

그동안 형식적이거나 입시에 관련된 과목에 밀려 도외시 당해 왔던 한자교육이 최근에 크게 주목을 받고 있는 것은 큰 다행이 아닐 수 없다. 우리글의 70% 이상이 한자어로 구성되어 있다는 것을 안다면 늦었지만 참으로 반가운 일이다.

이에 본사에서는 교육부 선정 1800한자 중, 기초 과정의 900한자를 사용해 꼭 알아야할 어휘와 귀감이 될 수 있는 어휘, 우리가 생활하면서 흔히 사용하는 어휘를 사용해 쉽게 한자와 친숙해 질 수 있도록 이 책을 엮었다. 그리고 한자학습의 이해를 돕기 위해 어휘의 풀이마다 예문을 들어 쉽게 그 한자의 쓰임도 알 수 있게 하였다.

한자 학습에 있어 가장 중요한 것은 그에 필요한 좋은 교본을 선택하는 것이다. 모든 일에 있어 시작이 잘못되면 중간에 고친다는 것은 여간 어려운 일이 아닐 것이다.

아무쪼록 이 책을 선택하신 여러분들에게 응원을 보내며, 큰 성과 있으시길 기원하는 바이다.

엮은이 적음

한 자 의 짜 임

◉ 한자는 삼각형, 사각형, 원형 등으로 그 모양이 이루어집니다.

삼 각 형	역삼각형	정사각형	직사각형	직사각형
△	▽	□	□	▭
上	下	問	目	四
大	市	圖	臣	回

마름모꼴	원 형	사다리꼴	역사다리꼴	두직사각형
◇	○	⏢	⏢	▯▯
十	女	見	言	明
令	示	辰	百	時

한자의 기본 점 · 획

◉ 기본이 되는 점과 획을 충분히 연습한 다음 본문의 글자를 쓰십시오.

上	一	一							
工	二	二							
王	三	三							
少	ノ	ノ							
大	ノ	ノ							
女	く	く							
人	乀	乀							
寸	亅	亅							
下	丨	丨							
中	丨	丨							
目	𠃌	𠃌							
句	𠃍	𠃍							
子	乛								

京	丶	丶							
永	丶	丶							
小	八	八							
火	丷	丷							
千	丿	丿							
江	氵	氵							
無	灬	灬							
起	走	走							
建	廴	廴							
近	辶	辶							
成	乁	乁							
毛	乚	乚							
室	宀	宀							
風	乀	乀							

一	二	三	四	五	六	七	八

일이 : 일과 이. 하나와 둘. 한둘. ㉑ 一乃至二 (일내지 이).	삼사 : 삼과 사. 셋과 넷. 서넛. ㉑ 三四分期(삼사 분기).	오륙 : 오와 육. 대여섯. 다섯과 여섯. ㉑ 五六 日間(오륙일간).	칠팔 : 칠과 팔. 일고여 덟. 일곱과 여덟.

한	일	두	이	석	삼	넉	사	다섯	오	여섯	륙	일곱	칠	여덟	팔

九 十	壹 拾	貳 百	千 萬
구십 : 구와 십. 아흔. 아홉과 열. 예 **九十年度** (구십년도).	일십 : 1의 열갑절. 각각 "一", "十"과 동자로서 특히 금액표기 때 一과 十을 대신하여 씀.	이백 : 백의 두갑절. 貳는 "二"와 동자로서 특히 금액표기 때 二를 대신하여 씀.	천만 : 만의 천곱절.

九	十	壹	拾	貳	百	千	萬
아홉 구	열 십	한 일	열 십	두 이	일백 백	일천 천	일만 만

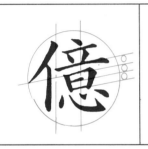			

億 兆	大 小	多 少	内 外
억조 : 억과 조. 아주 많은 수. ㉖億兆蒼生(억조창생).	대소 : 사물의 큼과 작음. ㉖大小事(대소사).	다소 : 사물의 많고 적음. 얼마만큼. ㉖多少間(다소간).	내외 : 안과 밖. 안팎. 부인과 남편. ㉖内外通信(내외통신).

億	兆	大	小	多	少	内	外
억 억	억조 조	큰 대	작을 소	많을 다	적을 소	안 내	밖 외
億	兆	大	小	多	少	内	外
億	兆	大	小	多	少	内	外

月 火	水 木	金 土	休 日
월화: 월요일과 화요일. 요일의 첫째와 둘째.	**수목:** 수요일과 목요일. 요일의 셋째와 넷째.	**금토:** 금요일과 토요일. 요일의 다섯째와 여섯째.	**휴일:** 일을 쉬고 노는 날. 예休日旅行(휴일여행).

月	火	水	木	金	土	休	日
달 월	불 화	물 수	나무 목	쇠 금	흙 토	쉴 휴	날 일

父 母	兄 弟	姉 妹	夫 婦
부모 : 아버지와 어머니. 양친. 어버이. ㉑學父母(학부모).	형제 : 형과 아우. 동기. ㉑兄弟友愛(형제우애).	자매 : 여자끼리의 언니와 아우. ㉑姉妹結緣(자매결연).	부부 : 남편과 아내. 내외. ㉑夫婦同伴(부부동반).

父	母	兄	弟	姉	妹	夫	婦
아비 부	어미 모	맏 형	아우 제	맏누이 자	아랫누이 매	지아비 부	지어미 부

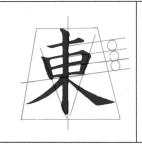   

東 西	南 北	前 後	左 右
동서 : 동쪽과 서쪽. 동양과 서양. 예東西古今 (동서고금).	남북 : 남쪽과 북쪽. 예南北對話(남북대화).	전후 : 앞과 뒤. 앞뒤. 먼저와 나중. 예前後事情(전후사정).	좌우 : 왼쪽과 오른쪽. 옆 또는 곁. 예左右之間 (좌우지간).

東	西	南	北	前	後	左	右
동녘 동	서녘 서	남녘 남	북녘 북	앞 전	뒤 후	왼쪽 좌	오른쪽 우

價 格	佳 景	假 令	街 路
가격 : 상품이 지니고 있는 가치를 돈으로 나타내는 값. ㉔ 都賣價格 (도매가격).	가경 : 아름다운 경치.	가령 : (가정하여 말할 때) 예를 들면.	가로 : 시가지의 도로. 가도. ㉔ 街路邊(가로변).

價	格	佳	景	假	令	街	路
값 가	격식 격	아름다울 가	볕 경	거짓 가	하여금 령	거리 가	길 로

歌舞	可否	各個	覺悟
가무 : 노래와 춤. 노래 하면서 추는 춤. ㉠歌舞公演(가무공연).	가부 : 옳고 그름의 여부. 찬성과 반대. ㉠可否決定(가부결정).	각개 : 하나 하나. 낱낱. 낱개. ㉠各個各層(각개각층).	각오 : 앞으로 닥치어올 위험이나 불리한 결과 등에 대한 마음의 준비.㉠危險覺悟(위험각오).

歌	舞	可	否	各	個	覺	悟
노래 가	춤출 무	옳을 가	아닐 부	각각 각	낱 개	깨달을 각	깨달을 오
歌	舞	可	否	各	個	覺	悟

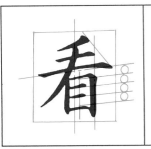			

看守	渴求	甘苦	監督
간수 : 보살펴어 지킴.	갈구 : 몹시 애타게 구함. ㉠自由渴求(자유갈구).	감고 : 단맛과 쓴맛. 고락. ㉠甘苦의 歲月(감고의 세월).	감독 : 어떤 사람이나 기관이 감시하고 지시, 명령 또는 제재하는 일. ㉠監督機關(감독기관).

看	守	渴	求	甘	苦	監	督
볼 간	지킬 수	목마를 갈	구할 구	달 감	괴로울 고	볼 감	감독할 독

感 泣	減 刑	講 究	强 要
감읍 : 감격하여 흐느낌. ㉔恩惠感泣(은혜감읍).	감형 : 죄인의 확정된 형량의 일부를 줄임. ㉔特使減刑(특사감형).	강구 : 좋은 방법과 꾀를 궁리함. ㉔對策講究(대책강구).	강요 : 억지로 요구함. ㉔參席强要(참석강요).

感	泣	減	刑	講	究	强	要
느낄 감	울 읍	덜 감	형벌 형	강론할 강	궁구할 구	군셀 강	중요할 요
感	泣	減	刑	講	究	强	要
感	泣	減	刑	講	究	强	要

江湖	皆勤	開閉	改憲
강호 : 강과 호수. 세상. 속세를 등진 선비가 자연에 묻히어 생활하는 곳.	개근 : 일정한 기간동안 하루도 빠짐없이 출석하거나 출근함. 例皆勤賞(개근상).	개폐 : 열고 닫음. 例開閉裝置(개폐장치).	개헌 : 헌법의 내용을 고침. 例七次改憲(칠차개헌).

물 강	호수 호	모두 개	부지런할 근	열 개	닫을 폐	고칠 개	법 헌
江	湖	皆	勤	開	閉	改	憲

更生	巨大	去就	健康
갱생 : 생활태도나 정신이 본디의 바람직한 상태로 되돌아 감. ㉙自力更生(자력갱생).	거대 : 엄청나게 큼. 사물이나 시설 등이 매우 큼. ㉙巨大規模(거대규모).	거취 : 사람의 행동거지의 동태. 자신의 입장을 밝히어 취하는 태도. ㉙去就向方(거취향방).	건강 : 몸이 아무 탈없이 튼튼함. 사고나 사상등이 건전함. ㉙精神健康(정신건강).

更	生	巨	大	去	就	健	康
다시 갱	날 생	클 거	큰 대	갈 거	나아갈 취	군셀 건	편안 강

乾坤	檢查	堅固	見習
건곤 : 하늘과 땅. 천지. 음양. 예乾坤一色(건곤 일색).	검사 : 사실을 조사하여 옳고 그름과 좋고 나쁨을 가려냄. 예宿題檢査 (숙제검사).	견고 : 굳고 튼튼함. 의지등이 동요됨이 없이 확고함. 예守備堅固(수비견고).	견습 : 남이 하는 일을 실지로 보면서 익힘. 예見習期間(견습기간).

乾	坤	檢	査	堅	固	見	習
하늘 건	땅 곤	검사할 검	조사할 사	굳을 견	굳을 고	볼 견	익힐 습

犬 羊	結 果	缺 如	經 過
견양 : 개와 양.	결과 : 열매를 맺음. 어떤 원인에서 초래된 결말의 상태. ㉠原因結果 (원인결과).	결여 : 있어야 할 것이 모자라거나 빠져서 없음. ㉠意志缺如(의지결여).	경과 : 시간이 지남에 따라 일이나 사물의 변화와 진행과정. ㉠經過報告(경과보고).

犬	羊	結	果	缺	如	經	過
개 견	양 양	맺을 결	과실 과	모자랄 결	같을 여	지날 경	지날 과

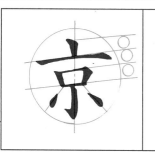			

京 都	警 報	競 走	輕 重
경도 : 서울.	경보 : 태풍·공습등 각종 위험이 임박할때 경계하라고 알리는 보도. 예豪雨警報(호우경보).	경주 : 일정한 거리를 달려 그 빠르기를 겨루는 일. 예自動車競走 (자동차경주).	경중 : 가벼움과 무거움. 중요함과 중요하지 아니함. 예罪過輕重(죄과 경중).

京	都	警	報	競	走	輕	重
서울 경	도읍 도	경계할 경	갚을 보	다툴 경	달아날 주	가벼울 경	무거울 중

景致	慶賀	溪谷	季節
경치 : 자연의 수려한 모습. 경관. 풍경. ㉠山水景致(산수경치).	경하 : 경사로운 일에 대하여 치하 함. ㉠結婚慶賀(결혼경하).	계곡 : 물이 흐르는 골짜기. ㉠溪谷山水(계곡산수).	계절 : 한 해를 봄·여름·가을·겨울로 구분한 한 시기. 철. ㉠季節感覺(계절감각).

景	致	慶	賀	溪	谷	季	節
별 경	이를 치	경사 경	하례 하	시내 계	골 곡	철 계	마디 절
景	致	慶	賀	溪	谷	季	節

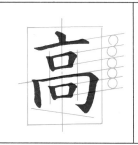	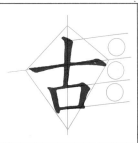	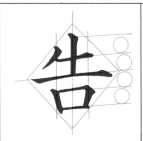	

高 速	古 典	告 知	考 察
고속 : 매우 빠른 속도. ㉠高速道路 (고속도로).	고전 : 예전에 만들어 진 것으로 시대를 초월하여 높이 평가되는 예술작품. ㉠古典小說(고전소설).	고지 : 게시·벽보·글을 통하여 알림. ㉠告知書 (고지서).	고찰 : 생각하여 살핌. ㉠歷史的 考察 (역사적 고찰).

高	速	古	典	告	知	考	察
높을 고	빠를 속	옛 고	법 전	알릴 고	알 지	생각할 고	살필 찰
高	速	古	典	告	知	考	察
高	速	古	典	告	知	考	察

  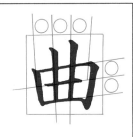 

鼓 吹	故 鄕	曲 直	骨 肉
고취 : 용기나 기운을 북돋워 일으킴. 剛愛國心鼓吹(애국심고취).	고향 : 자기가 태어나 자란곳. 자기 조상이 오래 누리어 살던곳. 剛故鄕訪問(고향방문).	곡직 : 사리의 옳고 그름. 굽음과 곧음. 剛不問曲直(불문곡직).	골육 : 뼈와 살. 부자·형제 등의 육친. 剛骨肉之親(골육지친).

두드릴 고	불 취	연고 고	고을 향	굽을 곡	곧을 직	뼈 골	고기 육

攻擊	空白	公布	課稅
공격 : 적을 내달아 침. 운동경기나 오락 따위에서 득점하기 위한 적극적인 행동. ㉠人身攻擊(인신공격).	공백 : 노트나 책 등의 글씨나 그림이 없는 빈 여백. ㉠空白狀態(공백상태).	공포 : 이미 확정된 법률·조약·명령 따위를 일반국민에게 널리 알림. ㉠法律公布(법률공포).	과세 : 세금을 매기고 그것을 내도록 의무를 지움. ㉠認定課稅(인정과세).

攻	擊	空	白	公	布	課	稅
칠 공	칠 격	빌 공	흰 백	공변될 공	베 포	과정 과	세금 세

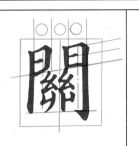   

關 心	廣 告	橋 脚	教 育
관심 : 가치가 있는 것에 끌리는 마음으로 주의하는 심적인 태도. ㉠無關心(무관심)	광고 : 사물·상품·서비스에 대한 정보를 널리 알리는 의도적인 활동. ㉠商品廣告(상품광고).	교각 : 다리를 받치는 기둥. ㉠橋脚設置(교각 설치).	교육 : 인간심신의 모든 성능을 발전시키기 위한·목적으로 가르치고 지도하는 일. ㉠教育施設(교육시설).
關 心	廣 告	橋 脚	教 育
관계할 관	마음 심	넓을 광	알릴 고	다리 교	다리 각	가르칠 교	기를 육

校	救	口	區

校庭	救急	口鼻	區域
교정 : 학교의 마당 또는 운동장. ㉔校庭集合 (교정집합).	구급 : 위급한 병이나 부상에 대하여 응급치료를 함. ㉔ 救急患者 (구급환자).	구비 : 입과 코. ㉔耳目口鼻(이목구비).	구역 : 갈라 놓은 지역이나 범위. ㉔保護區域 (보호구역).

校	庭	救	急	口	鼻	區	域
학교 교	뜰 정	구원할 구	급할 급	입 구	코 비	나눌 구	지경 역

苟且	郡民	君臣	宮城
구차 : 군색스럽고 구구함. 가난함. ㉠苟且辨明(구차변명).	군민 : 그 군에 사는 사람. ㉠郡民協同(군민협동).	군신 : 임금과 신하. ㉠君臣有義(군신유의).	궁성 : 궁궐을 둘러싼 성벽. 임금이 거처하는 궁전. ㉠宮城入闕(궁성입궐).

苟	且	郡	民	君	臣	宮	城
진실로 구	또 차	고을 군	백성 민	임금 군	신하 신	궁궐 궁	재 성

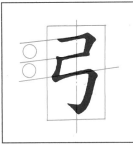   

弓矢	勸勉	歸國	規則
궁시 : 활과 화살.	권면 : 알아듣도록 타일러서 힘쓰게 함.	귀국 : 외국에 있던 사람이 자기나라로 돌아가거나 돌아옴. ㉖歸國同胞(귀국동포).	규칙 : 여러사람이 다같이 지키기로 한 법칙. ㉖交通規則(교통규칙).

弓	矢	勸	勉	歸	國	規	則
활 궁	화살 시	권할 권	힘쓸 면	돌아올 귀	나라 국	법 규	법칙 칙

均配	極甚	根性	禁煙
균배 : 고르게 나눠줌. ㉔農地均配(농지균배).	극심 : 극히 심함. ㉔被害極甚(피해극심).	근성 : 태어날 때부터 지니고 있는 근본적인 성질. ㉔勝負根性(승부근성).	금연 : 담배 피우는 것을 금함. 담배를 끊음. ㉔禁煙區域(금연구역).

均	配	極	甚	根	性	禁	煙
고를 균	짝 배	지극할 극	심할 심	뿌리 근	성품 성	금할 금	연기 연

給 與	起 居	技 能	旣 得
급여 : 근로자에게 지급하는 급료나 수당. ⑩ 手當給與(수당급여).	기거 : 일상의 생활. ⑩ 故鄕起居(고향기거).	기능 : 기술상의 재능. 기량. ⑩ 技能敎育(기능교육).	기득 : 이미 얻음. 이미 획득함. ⑩ 旣得權(기득권).

給	與	起	居	技	能	旣	得
줄 급	더불어 여	일어날 기	살 거	재주 기	능할 능	이미 기	얻을 득

基 本	記 憶	幾 千	其 他
기본 : 사물의 기초와 근본. 예 基本資格(기본 자격).	기억 : 인상이나 경험을 의식 속에서 간직하거나 다시 생각해 내는 것. 예 記憶喪失(기억상실).	기천 : 몇개의 천단위. 예 幾千萬원 (기 천 만 원).	기타 : 그 것 외에 또 다른것. 예 其他事項(기타사항).

基	本	記	憶	幾	千	其	他
터 기	근본 본	기록할 기	기억할 억	몇 기	일천 천	그 기	다를 타

33

期限	企劃	吉凶	落第
기한 : 미리 한정하여 놓은 시기. ㉝期限促迫(기한촉박).	기획 : 어떤 일을 꾸미어 계획함. ㉝企劃室長(기획실장).	길흉 : 길함과 흉함. ㉝吉凶兆朕(길흉조짐).	낙제 : 성적이 나빠서 상급학교나 상급학년에 진학 또는 진급을 못함. ㉝落第點數(낙제점수).

期	限	企	劃	吉	凶	落	第
기약할 기	한정할 한	꾀할 기	그을 획	길할 길	흉할 흉	떨어질 락	차례 제

郎 徒	浪 費	乃 至	冷 笑
낭도 : 화랑도(花郎道)의 준말. 예花郎五戒 (화랑오계).	낭비 : 재물·시간 따위를 헛되이 헤프게 씀. 예時間浪費(시간낭비).	내지 : 또는, 혹은이란 뜻으로 수량이나 말사이에 끼어 쓰임. 예千乃至萬(천내지만).	냉소 : 쌀쌀한 태도로 비웃는 웃음.

郎	徒	浪	費	乃	至	冷	笑
사내 랑	무리 도	물결 랑	없앨 비	이에 내	이을 지	찰 랭	웃음 소
郎	徒	浪	費	乃	至	冷	笑
郎	徒	浪	費	乃	至	冷	笑

勞 力	怒 聲	綠 豆	論 理
노력 : 힘을 들이어 일함. ㉠誠實勞力(성실노력).	노성 : 성난 목소리. ㉠怒聲衝天(노성충천).	녹두 : 콩과의 한해살이 식물.	논리 : 생각하여 분별하는 이치.

勞	力	怒	聲	綠	豆	論	理
수고할 로	힘 력	성낼 노	소리 성	푸를 록	콩 두	의논할 론	이치 리

			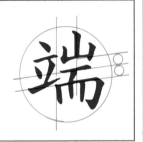

農 耕	短 期	單 位	端 正
농경 : 논밭을 갈아 농사를 지음. ㉑農耕生活 (농경생활).	단기 : 단기간 짧은 기간. ㉑短期積金(단기적금).	단위 : 사물의 비교·계산·양에 있어서 기준이 되는 것. ㉑拾萬單位 (십만단위).	단정 : 얌전하고 바름. ㉑品行端正(품행단정).

農	耕	短	期	單	位	端	正
농사 농	밭갈 경	짧을 단	기약할 기	홑 단	자리 위	끝 단	바를 정
農	耕	短	期	單	位	端	正

37

但	只	丹	楓	淡	泊	代	身

단지 : 다만. 겨우. 오직.

단풍 : 가을에 빛이 붉고 누르게 변해진 나뭇잎. ㉔ 丹楓絶景(단풍절경).

담박 : 욕심이 없고 마음이 깨끗함. 맛이나 빛이 산뜻함. ㉔淡泊色彩(담박색채).

대신 : 남을 대리함. 어떤 것을 다른 것으로 대리하여 바꿈. ㉔代身計算(대신계산).

다만 단	다만 지	붉을 단	단풍 풍	맑을 담	잘 박	대신 대	몸 신

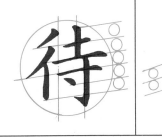   

待 遇	到 着	獨 立	讀 者
대우 : 예를 갖추어 대함. 직장 등에서 지위·봉급 따위의 수준. ㉖ 待遇改善(대우개선).	도착 : 목적한 곳에 다다름. ㉖ 到着地點(도착지점).	독립 : 남에게 의존하거나 속박당하지 아니함. 독자적으로 존재함. ㉖ 獨立宣言(독립선언).	독자 : 책·신문·잡지 등의 출판물을 읽는 사람. ㉖ 讀者諸賢(독자재현).

待	遇	到	着	獨	立	讀	者
기다릴 대	만날 우	이를 도	붙을 착	홀로 독	설 립	읽을 독	놈 자

洞里	頭角	斗量	登科
동리 : 마을. 동과 리. ㉖ 洞里會館(동리회관).	두각 : 머리. 머리끝. 뛰어난 재능.	두량 : 되나 말로 곡식을 되어서 셈. 또는 그 분량. 두루 헤아려 처리 함.	등과 : 과거에 급제 함. ㉖ 科試登科(과시등과).

洞	里	頭	角	斗	量	登	科
마을 동	마을 리	머리 두	뿔 각	말 두	헤아릴 량	오를 등	과목 과
洞	里	頭	角	斗	量	登	科
洞	里	頭	角	斗	量	登	科

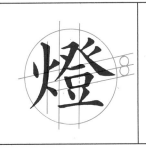   

燈油	馬車	莫逆	晩年
등유 : 등불을 켜는 데 쓰이는 기름. ㉠ 燈油消費(등유소비).	마차 : 말이 끄는 수레. ㉠ 雙頭馬車(쌍두마차).	막역 : 서로 허물없이 매우 친함. ㉠ 莫逆之間(막역지간).	만년 : 사람의 평생에 있어서의 끝 시기. ㉠ 晩年部長(만년부장).

燈	油	馬	車	莫	逆	晩	年
등불 등	기름 유	말 마	수레 차	말 막	거스를 역	늦을 만	해 년

賣買	每回	麥飯	盟邦
매매 : 물건·상품·건물·토지 등을 팔고 삼. ㉙ **賣買契約**(매매계약).	매회 : 한회마다. ㉙ **每回同時**(매회동시).	맥반 : 보리 밥. ㉙ **麥飯健康食**(맥반건강식).	맹방 : 동맹을 맺은 나라. 목적을 같이하여 서로 친선을 도모하는 나라. ㉙ **盟邦親交**(맹방친교).

賣	買	每	回	麥	飯	盟	邦
팔 매	살 매	매양 매	돌아올 회	보리 맥	밥 반	맹세할 맹	나라 방

免責	謀略	毛絲	沐浴
면책 : 책임을 면함. 책망을 면함. 채무를 면함. 例 免責特權(면책특권).	모략 : 옳지 않은 계책으로 남을 못된 구렁에 몰아 넣는 일. 例 中傷謀略(중상모략).	모사 : 동물의 털로 만든 실. 털실	목욕 : 머리를 감고 몸을 씻는 일. 例 沐浴齋戒(목욕재계).

免	責	謀	略	毛	絲	沐	浴
면할 면	꾸짖을 책	꾀 모	간략할 략	털 모	실 사	머리감을 목	목욕 욕

			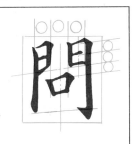
茂盛	無盡	文藝	問題
무성 : 초목이 많이 나서 우거짐. ㉔ 雜草茂盛 (잡초무성).	무진 : 다 하여 그치는 데가 없음. ㉔ 無窮無盡 (무궁무진).	문예 : 시·소설·희곡·수필 등 미적현상을 사상화하여 묘사·표현하는 예술 작품의 총칭.	문제 : 해답을 필요로 하는 물음. 연구·논의하여 해결 해야 할 사항. ㉔ 問題發生(문제발생).

茂	盛	無	盡	文	藝	問	題
무성할 무	성할 성	없을 무	다할 진	글월 문	재주 예	물을 문	제목 제

勿驚	米穀	未來	民衆
물경 : 놀라지 말라는 뜻. 예 勿驚七億(물경칠억).	미곡 : 쌀 등의 곡식. 예 米穀出荷(미곡출하).	미래 : 아직 오지 않은 앞날. 예 未來指向(미래지향).	민중 : 다수의 국민. 모든 국민. 예 民衆運動(민중운동).

勿	驚	米	穀	未	來	民	衆
말 물	놀랄 경	쌀 미	곡식 곡	아닐 미	올 래	백성 민	무리 중
勹ノノ	敬馬	·一八	壴殳	二八	八	ㄱㄴㄴ	血众
勿	驚	米	穀	未	來	民	衆

密室	半島	反省	班員
밀실 : 남이 함부로 출입 못하게 한 비밀의 방. ㉔ 密室政治(밀실정치).	반도 : 세 면이 바다에 싸이고 한 면은 육지에 연한 땅. ㉔ 沿岸半島 (연안반도).	반성 : 허물을 스스로 돌려서 살피고 뉘우침. ㉔ 惡意反省(악의반성).	반원 : 반의 구성원. ㉔ 出席班員(출석반원).

密	室	半	島	反	省	班	員
빽빽할 밀	집 실	절반 반	섬 도	돌이킬 반	살필 성	갈래 반	관원 원
密	室	半	島	反	省	班	員

發 射	房 門	放 送	方 向
발사 : 총포·활 등을 쏨. ㉖ 發射準備(발사 준비).	방문 : 방으로 출입하는 문. ㉖ 出入房門(출입방 문).	방송 : 라디오·텔레비전 을 통해 보도·음악·강 연·연예 등 실황을 보냄. ㉖ 敎育放送(교육방송).	방향 : 향하는 쪽. 생각 이 향하는 곳. ㉖ 方向 探知(방향탐지).

發	射	房	門	放	送	方	向
필 발	쏠 사	방 방	문 문	놓을 방	보낼 송	모 방	향할 향

番 號	法 律	變 化	步 兵
번호 : 차례를 나타내는 호수. 순번의 수를 외치는 구령. 例 電話番號 (전화번호).	법률 : 사회 생활을 유지하기 위한 지배적 규범. 例 法律條項(법률조항).	변화 : 사물의 형상·성질 등이 본디에서 벗어나 달라지는 것. 例 變化過程(변화과정).	보병 : 육군 병과의 하나로 주로 소총을 가지고 도보로 전투에 임하는 군인. 例 步兵師團(보병사단).

番	號	法	律	變	化	步	兵
차례 번	번호 호	법 법	법 률	변할 변	될 화	걸음 보	군사 병

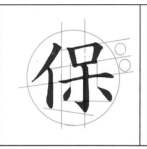			

保全	複雜	奉仕	富貴
보전 : 보호하여 안전하게 함. ㉔ 保全申請(보전신청).	복잡 : 일이나 물건의 갈피가 뒤섞여 어수선함. ㉔ 複雜多樣(복잡다양).	봉사 : 남의 뜻을 받들어 섬김. 남을 위해 노력함. ㉔ 無料奉仕(무료봉사).	부귀 : 재산이 많고 지위가 높음. ㉔ 富貴功名(부귀공명).

保	全	複	雜	奉	仕	富	貴
보존할 보	온전할 전	거듭 복	섞일 잡	받들 봉	벼슬 사	부자 부	귀할 귀
保	全	複	雜	奉	仕	富	貴

浮 力	部 屬	扶 助	分 別
부력 : 물체가 물 속에서 가라앉지 않고 뜨는 힘. 例 浮力計算(부력계산).	부속 : 어떤 부류·부문에 부속됨.	부조 : 잔칫집·상가 등에 돈이나 물건을 보내는 일. 例 扶助金(부조금).	분별 : 사물을 종류·성질 등에 따라 나눔. 세상물정을 알아서 가림. 例 分別力(분별력).

뜰 부	힘 력	나눌 부	붙을 속	도울 부	도울 조	나눌 분	다를 별

佛 寺	不 時	朋 友	祕 境
불사 : 절·사찰. ㉞佛寺石塔(불사석탑).	불시 : 제 철이 아님. 뜻하지 아니함. ㉞不時着陸(불시착륙).	붕우 : 벗·친구. ㉞朋友有信(붕우유신).	비경 : 신비스러운 경치. 남이 모르는 장소. ㉞山川祕境(산천비경).

부처 불	절 사	아니 불	때 시	벗 붕	벗 우	숨길 비	지경 경
佛	寺	不	時	朋	友	祕	境

悲觀	比例	備忘	非凡
비관 : 사물을 슬프게만 생각하고 실망함. ㉐ 悲觀論者(비관론자).	비례 : 예를 들어 비교함. 두 양의 비와 같은 일. ㉐ 比例係數(비례계수).	비망 : 잊어 버리지 않기위한 대비. ㉐ 備忘錄(비망록).	비범 : 보통이 아니고 뛰어남. 또는 그 사람. ㉐ 非凡한 人物(비범한 인물).

悲	觀	比	例	備	忘	非	凡
슬플 비	볼 관	견줄 비	법식 례	갖출 비	잊을 망	아닐 비	무릇 범
悲	觀	比	例	備	忘	非	凡
悲	觀	比	例	備	忘	非	凡

飛 虎	貧 困	氷 雪	私 談
비호 : 동작이 날으는 범처럼 날래고 용맹스러움의 비유. 예 飛虎猛將(비호맹장).	빈곤 : 가난해서 살림이 궁색함. 예 財政貧困(재정빈곤).	빙설 : 얼음과 눈. 예 北極氷雪(북극빙설).	사담 : 사사로이 하는 이야기. 예 私席私談(사석사담).

飛	虎	貧	困	氷	雪	私	談
날 비	범 호	가난할 빈	곤할 곤	얼음 빙	눈 설	사사 사	말씀 담

謝 禮	死 亡	使 命	思 想
사례 : 언행으로나 물품으로써 상대자에게 고마운 뜻을 나타냄. ㉖ 謝禮金(사례금).	사망 : 죽음. 죽는 일. ㉖ 死亡申告(사망신고).	사명 : 사자(使者)로서 받은 바 명령. 자신에게 부여된 임무. ㉖ 使命意識(사명의식).	사상 : 생각·의견·판단·추리를 거쳐 생긴 의식내용. ㉖ 文學思想(문학사상).

謝	禮	死	亡	使	命	思	想
사례할 사	예도 례	죽을 사	망할 망	하여금 사	목숨 명	생각 사	생각 상
謝	禮	死	亡	使	命	思	想
謝	禮	死	亡	使	命	思	想

54

辭讓	事由	詞章	社會
사양 : 겸손히 거절함. 겸손하게 받지 아니함. ㉔ 招待辭讓(초대사양).	사유 : 일의 까닭. 연고. 연유. ㉔ 缺席事由(결석사유).	사장 : 시가(詩歌)와 문장.	사회 : 세상. 같은 무리끼리 모여 이루는 집단. ㉔ 社會問題(사회문제).

말씀 사	사양할 양	일 사	말미암을 유	말 사	글 장	모일 사	모을 회

削除	産卵	散在	殺傷
삭제 : 깎아 없앰. 지워 없애버림. ㉖ 目錄削除 (목록삭제).	산란 : 알을 낳음. ㉖ 産卵期間(산란기간).	산재 : 여기저기 흩어져 있음. 이곳저곳 많이 있음. ㉖ 野花散在(야화산재).	살상 : 죽이고 상하게 함. ㉖ 殺傷武器(살상무기).

削	除	産	卵	散	在	殺	傷
깎을 삭	덜 제	낳을 산	알 란	흩어질 산	있을 재	죽일 살	상할 상
削	除	産	卵	散	在	殺	傷
削	除	産	卵	散	在	殺	傷

商工	上流	尚武	賞罰
상공 : 상공업. 상업과 공업. ㉙ 商工業者(상공업자).	상류 : 물의 근원이 되는 곳. 신분·지위·생활정도가 높음. ㉙ 上流地域(상류지역).	상무 : 무예를 숭상함. ㉙ 尚武隊(상무대).	상벌 : 상과 벌. 잘한것에 대해 상을 주고 잘못을 범하면 벌을 줌. ㉙ 賞罰主義(상벌주의).

商	工	上	流	尚	武	賞	罰
장사 상	장인 공	윗 상	흐를 류	오히려 상	굳셀 무	상줄 상	벌줄 벌

57

相 逢	喪 失	序 列	石 炭

상봉 : 서로 만남. 오랫 동안 헤어진 사람과 만남. ㉠ 父子相逢(부자상봉).

상실 : 잃어 버림. ㉠ 資格喪失(자격상실).

서열 : 순서. 순서대로 늘어섬. ㉠ 地位序列 (지위서열).

석탄 : 지층 속에서 산출하는 가연성 탄질암. ㉠ 石炭鑛夫(석탄광부).

相	逢	喪	失	序	列	石	炭
서로 상	만날 봉	잃을 상	잃을 실	차례 서	벌일 렬	돌 석	숯 탄

選擧	仙女	先生	善惡
선거 : 많은 후보자 가운데서 뽑아 정함. ⑩ 公明選擧(공명선거).	선녀 : 선경에서 사는 여자신선. ⑩ 美人仙女(미인선녀).	선생 : 교사의 존칭. 학예가 뛰어난 이의 존칭. ⑩ 國語先生任(국어선생님).	선악 : 착함과 선함. ⑩ 善惡皆吾師(석악개오사).

選	擧	仙	女	先	生	善	惡
고를 선	들 거	신선 선	계집 녀	먼저 선	날 생	착할 선	악할 악

成 功	聖 堂	姓 名	星 雲
성공 : 뜻한 바 목적을 이룸. ㉠ 成功事例(성공사례).	성당 : 천주교 교회당. ㉠ 聖堂神父(성당신부).	성명 : 성과 이름. ㉠ 姓名記錄(성명기록).	성운 : 구름과 안개상태로 보이는 먼 천체. ㉠ 星雲團(성운단).

成	功	聖	堂	姓	名	星	雲
이룰 성	공 공	성인 성	집 당	성 성	이름 명	별 성	구름 운

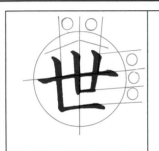			

世界	洗練	細柳	歲暮
세계 : 온 세상. 객관적 현상의 모든 범위. 지구 상의 인류사회 전체. ㉔ 世界文學(세계문학).	세련 : 수양을 쌓아 인 격 · 성품 · 취미가 고상 하고 우아하게 됨. ㉔ 姿態洗練(자태세련).	세류 : 가지가 가늘고 긴 버들.	세모 : 연말. 한 해의 마 지막 때. ㉔ 年末歲暮 (연말세모).

世	界	洗	練	細	柳	歲	暮
인간 세	지경 계	씻을 세	익힐 련	가늘 세	버들 류	해 세	저물 모

61

消 防	召 還	松 竹	修 交

소방 : 화재를 예방하고 불난곳에 가 끄는 일. ㉠ 消防隊員(소방대원).

소환 : 일을 마치기 전에 불러 돌아오게 함. ㉠ 召還命令(소환명령).

송죽 : 소나무와 대나무.

수교 : 나라 간에 교제를 맺음. ㉠ 修交友邦(수교우방).

끝 소	막을 방	부를 소	돌아올 환	소나무 송	대 죽	닦을 수	사귈 교

睡眠	壽命	首席	授受
수면 : 졸음이나 잠. 활동을 쉬는 일. ㉔ 睡眠狀態(수면상태).	수명 : 타고난 목숨. 사물이 사용에 견디는 기간. ㉔壽命延長(수명연장).	수석 : 맨 윗자리.	수수 : 주고 받고함. ㉔ 金品授受(금품수수).

睡	眠	壽	命	首	席	授	受
졸 수	잠잘 면	목숨 수	목숨 명	머리 수	자리 석	줄 수	받을 수

雖 然	手 足	誰 何	宿 舍
수연 : 그렇지만, 그러하나.	수족 : 손발. 손발과 같이 마음대로 부리는 사람.	수하 : 누구. 누구냐고 불러서 물어 확인해 보는 일. 예 誰何要領(수하요령).	숙사 : 숙박하는 집. 잠자는 집.

雖	然	手	足	誰	何	宿	舍
비록 수	그럴 연	손 수	발 족	누구 수	어찌 하	잘 숙	집 사
雖	然	手	足	誰	何	宿	舍
雖	然	手	足	誰	何	宿	舍

叔姪	順從	純鐵	崇拜
숙질 : 아저씨와 조카. ㉔ 叔姪之間(숙질지 간).	순종 : 순수히 복종함. ㉔ 順理順從(순리순 종).	순철 : 불순물이 조금도 섞이지 아니한 순수한 철.	숭배 : 우러러 공경함. ㉔ 信仰崇拜(신앙숭 배).

叔	姪	順	從	純	鐵	崇	拜
아재비 숙	조카 질	순할 순	따를 종	순수할 순	쇠 철	높을 숭	절 배
叔	姪	順	從	純	鐵	崇	拜

勝敗	試圖	施設	始作
승패 : 이김과 짐. ㉔ 勝敗與否(승패여부).	시도 : 시험삼아 꾀하여 봄. ㉔ 決行試圖(결행시도).	시설 : 베풀어 설비함. 또는 그 설비. ㉔ 娛樂施設(오락시설).	시작 : 처음으로 함. 쉬었다가 다시 비롯함. ㉔ 運動始作(운동시작).

勝	敗	試	圖	施	設	始	作
이길 승	패할 패	시험할 시	그림 도	베풀 시	베풀 설	비로소 시	지을 작

市 場	信 仰	申 請	深 淺
시장 : 매일 또는 정기적으로 상인이 모여 상품을 매매하는 장소.㉠ **市場調査**(시장조사).	신앙 : 믿고 받들음.㉠ **信仰生活**(신앙생활).	신청 : 신고하여 청구함.㉠ **書類申請**(서류신청).	심천 : 깊음과 얕음.㉠ **湖水深淺**(호수심천).

市	場	信	仰	申	請	深	淺
저자 시	마당 장	믿을 신	우러를 앙	납 신	청할 청	깊을 심	얕을 천
市	場	信	仰	申	請	深	淺
市	場	信	仰	申	請	深	淺

氏 族	兒 童	眼 藥	安 靜

씨족: 원시 사회에서 공동의 조상을 가진 혈족단체. ⑩ 氏族社會(씨족사회).

아동: 어린아이·국민학교에 다니는 아이. ⑩ 兒童心理(아동심리).

안약: 눈병을 고치는 약. ⑩ 眼藥治療(안약치료).

안정: 마음과 정신이 편안하고 고요함. ⑩ 興奮安靜(흥분안정).

성 씨	겨레 족	아이 아	아이 동	눈 안	약 약	편안 안	고요할 정

暗誦	哀惜	愛情	若干
암송 : 머리속에 외어두고 읽음. 예 唐詩暗誦(당시암송).	애석 : 슬프고 아깝게 여김. 예 哀惜心情(애석심정).	애정 : 사랑하는 마음. 연정. 예 眞實愛情(진실애정).	약간 : 얼마 안됨. 얼마쯤. 예 若干分量(약간분량).

暗	誦	哀	惜	愛	情	若	干
어두울 암	욀 송	슬플 애	아낄 석	사랑 애	뜻 정	같을 약	방패 간
暗	誦	哀	惜	愛	情	若	干
暗	誦	哀	惜	愛	情	若	干

約婚	養老	洋服	良俗
약혼 : 혼인할 약속. ㉐ 約婚發表(약혼발표).	양로 : 노인을 봉양함. ㉐ 養老院(양로원).	양복 : 서양식의 의복. ㉐ 洋服修繕(양복수선).	양속 : 좋은 풍속. 아름다운 풍속. ㉐ 美風良俗(미풍양속).

約	婚	養	老	洋	服	良	俗
맺을 약	혼인할 혼	기를 양	늙을 로	큰바다 양	옷 복	어질 량	풍속 속

兩 親	魚 頭	語 尾	漁 船
양친 : 아버지와 어머니. 어버이. ㉖兩親上京 (양친상경).	어두 : 물고기의 머리. ㉖ 魚頭肉尾(어두육미).	어미 : 용언의 어간에 붙어 경우에 따라 여러 가지로 활용된 부분.	어선 : 고기잡이하는 배. ㉖小形漁船(소형어선).

兩	親	魚	頭	語	尾	漁	船
두 량	친할 친	고기 어	머리 두	말씀 어	꼬리 미	고기잡을어	배 선

於乎	餘暇	旅毒	汝余
어호 : 어조사 어와 호.	여가 : 겨를. 틈. 남은 여유와 시간. ㉖ **餘暇善用**(여가선용).	여독 : 여행에 의한 해독이나 피로. ㉖ **旅毒疲勞**(여독피로).	여여 : 너와 나.

어조사 어	어조사 호	남을 여	겨를 가	나그네 려	독할 독	너 여	나 여

歷史	亦是	研究	硯墨
역사 : 인류사회의 과거에 있어서의 변천·흥망·성쇠의 기록.	역시 : 또한. 전에나 다름없이. ⑩ 亦是最高(역시최고).	연구 : 조사하고 생각하여 진리를 알아냄. ⑩ 問題研究(문제연구).	연묵 : 벼루와 먹.

歷	史	亦	是	研	究	硯	墨
지낼 력	사기 사	또 역	이 시	갈 연	궁구할 구	벼루 연	먹 묵

烈 光	熱 誠	念 願	永 久
열광 : 강렬한 빛. ⑩ 日出烈光(일출열광).	열성 : 열렬한 정성. ⑩ 熱意精誠(열의정성).	염원 : 내심 염려하고 그리되길 원함. ⑩ 統一念願(통일염원).	영구 : 길고 오램. 시간이 무한이 계속되는 일. ⑩永久持續(영구지속).

매울 렬	빛 광	더울 열	정성 성	생각 념	원할 원	길 영	오랠 구

領收	英雄	營爲	榮華
영수 : 돈이나 물품을 받아들임. 예 領收證書 (영수증서).	영웅 : 재주가 비범하고 용맹이 탁월하여 대업을 성취한 사람. 예 英雄豪傑(영웅호걸).	영위 : 일을 경영함. 예 삶을 營爲(영위) 하다.	영화 : 귀하게 되어 몸이 드러나고 이름이 빛남. 예 富貴榮華(부귀영화).

領	收	英	雄	營	爲	榮	華
거느릴 령	거둘 수	꽃부리 영	수컷 웅	경영할 영	할 위	영화 영	빛날 화
領	收	英	雄	營	爲	榮	華

吾等	玉篇	臥病	瓦屋
오등 : 우리들. ⓑ 我等 (아등).	옥편 : 자전. 많은 한자를 모아 낱낱이 그 뜻을 풀어 놓은 책.	와병 : 병으로 자리에 누움. ⓔ 臥病身熱(와병신열).	와옥 : 기와집. 지붕을 기와로 이은 집. ⓔ 瓦屋宮廷(와옥궁정).

吾	等	玉	篇	臥	病	瓦	屋
나 오	무리 등	구슬 옥	책 편	누울 와	병들 병	기와 와	집 옥

完 決	往 復	王 孫	勇 敢
완결 : 완전하게 끝을 맺음. ㉖ 問題完決(문제완결).	왕복 : 갔다가 다시 되돌아 옴. ㉖ 往復距離(왕복거리).	왕손 : 임금의 손자 또는 왕의 후손. ㉖ 王孫系譜(왕손계보).	용감 : 용기가 있어 사물에 임하여 과감함. ㉖ 勇敢無雙(용감무쌍).

完	決	往	復	王	孫	勇	敢
완전할 완	정할 결	갈 왕	다시 복	임금 왕	손자 손	날랠 용	감히 감

容 易	尤 妙	憂 愁	宇 宙
용이 : 쉬움. 어렵지 않음. ㉙ 學習容易(학습용이).	우묘 : 더욱 묘함.	우수 : 우울과 수심. 근심. ㉙ 憂愁表情(우수표정).	우주 : 천지사방과 고금왕래. 세간 또는 천지간. ㉙ 宇宙空間(우주공간).

容	易	尤	妙	憂	愁	宇	宙
얼굴 용	쉬울 이	더욱 우	묘할 묘	근심 우	근심 수	집 우	집 주

78

又 況	運 動	遠 近	元 素
우황 : "하물며"의 뜻으로 접속부사.	운동 : 돌아다니며 움직임.㉔ 規則運動(규칙운동).	원근 : 멀고 가까움. 먼곳과 가까운곳. ㉔ 遠近構圖(원근구도).	원소 : 화학적 수단으로 그 이상 더 분해할 수 없는 물질.㉔ 同位元素(동위원소).

又	況	運	動	遠	近	元	素
또 우	하물며 황	운전할 운	움직일 동	멀 원	가까울 근	으뜸 원	획 소

原 因	怨 恨	危 難	威 嚴
원인 : 무슨 일이 일어난 까닭. 예 原因分析 (원인분석).	원한 : 원통하고 한이 되는 생각. 예 怨恨心中 (원한심중).	위난 : 위험한 재난. 예 危難救濟(위난구제).	위엄 : 남에게 경외될만한 덕이나 힘이 있어 엄숙함. 예 表情威嚴(표정위엄).

原	因	怨	恨	危	難	威	嚴
근원 원	인할 인	원망할 원	한할 한	위태할 위	어려울 난	위엄 위	엄할 엄

※주로 "말씀 설"로 쓰임.

遊 說	幼 弱	柔 軟	猶 豫
유세 : 자신의 소속정당 등의 주장을 설파하며 돌아다님. ㉠ **選擧遊說** (선거유세).	유약 : 어리고 잔약함.	유연 : 부드럽고 연함. ㉠ **柔軟姿勢**(유연자 세).	유예 : 망설여 결행하지 않음. 시일을 늦춤. ㉠ **執行猶豫**(집행유예).

遊	說	幼	弱	柔	軟	猶	豫
놀 유	달랠 세	어릴 유	약할 약	부드러울유	연할 연	오히려 유	미리 예

唯一	有害	陸海	銀行

유일 : 오직 그것 하나 뿐임. ㉠ 唯一希望(유일희망).

유해 : 해로움. 해가 있음. ㉠ 有害食品(유해식품).

육해 : 육지와 바다. ㉠ 陸海空軍(육해공군).

은행 : 예금·대부·어음할인·증권인수 등을 업무로하는 금융기간. ㉠ 去來銀行(거래은행).

唯	一	有	害	陸	海	銀	行
오직 유	한 일	있을 유	해칠 해	뭍 륙	바다 해	은 은	다닐 행

恩 惠	吟 味	飲 食	音 樂
은혜 : 사랑으로 끼치는 신세. ㉠ 父母恩惠(부모은혜).	음미 : 시가를 읊어 그 맛을 봄. ㉠ 追憶吟味 (추억음미).	음식 : 음식물. 먹고 마시는 것. ㉠ 飲食攝取 (음식섭취).	음악 : 박자·가락·음색·화성 등에 의해 갖가지 형식으로 목소리나 악기로 연주하는 것.

恩	惠	吟	味	飲	食	音	樂
은혜 은	은혜 혜	읊을 음	맛 미	마실 음	먹을 식	소리 음	풍류 악
恩	惠	吟	味	飲	食	音	樂
恩	惠	吟	味	飲	食	音	樂

邑 面	應 答	義 務	醫 師
읍면 : 읍과 면. 例 郡邑面里(군읍면리).	응답 : 물음에 대답함. 例 質問應答(질문응답).	의무 : 맡은 바 직분. 例 教育義務(교육의무).	의사 : 의술과 약으로 병을 고치는 사람. 例 外科醫師(외과의사).

邑	面	應	答	義	務	醫	師
고을 읍	낮 면	응할 응	대답할 답	옳을 의	힘쓸 무	의원 의	스승 사

84

衣裳	意欲	依存	耳目
의상 : 겉에 입는 저고리와 치마·바지·옷. 의복. ㉖ 衣裳購入(의상구입).	의욕 : 선택한 하나의 목표에 의지가 적극적으로 마음이 움직이는 것. ㉖ 意欲喪失(의욕상실).	의존 : 의지하고 있음. ㉖ 相互依存(상호의존).	이목 : 귀와 눈. 남들의 주의. ㉖ 他人耳目(타인이목).

衣	裳	意	欲	依	存	耳	目
옷 의	치마 상	뜻 의	하고자할욕	의지할 의	있을 존	귀 이	눈 목

移 植	以 外	異 議	而 已
이식 : 옮겨 심음. 例 皮膚移植(피부이식).	이외 : 일정한 범위의 밖. 이 밖. 그 밖. 例 以外項目(이외항목).	이의 : 달리하는 주장. 보통과 다른 의사·의론. 例 異議申請(이의신청).	이이 : ~뿐. ~할 따름.

移	植	以	外	異	議	而	已
옮길 이	심을 식	써 이	바깥 외	다를 이	의논할 의	말이을 이	이미 이

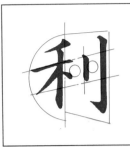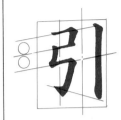

利 益	忍 耐	人 倫	引 率
이익 : 물질적으로나 정신적으로 보탬이 된 것. ㉐ 利益分配(이익분배).	인내 : 참고 견딤. ㉐ 苦痛忍耐(고통인내).	인륜 : 사람으로서의 떳떳한 도리. ㉐ 人倫大事(인륜대사).	인솔 : 이끌어 거느림. ㉐ 引率名單(인솔명단).

利	益	忍	耐	人	倫	引	率
이로울 리	더할 익	참을 인	견딜 내	사람 인	인륜 륜	끌 인	거느릴 솔

仁	林	自	昨

仁 慈	林 野	自 費	昨 今
인자 : 마음이 어질고 자애스러움. ㉒ 仁慈厚德(인자후덕).	임야 : 삼림과 산의 땅. ㉒ 林野賣買(임야매매).	자비 : 자기가 스스로 부담하는 비용. ㉒ 自費投資(자비투자).	작금 : 어제와 오늘. 요즈음. ㉒ 昨今世界(작금세계).

仁	慈	林	野	自	費	昨	今
어질 인	사랑 자	수풀 림	들 야	스스로 자	소비할 비	어제 작	이제 금
仁	慈心	林	野	自	費	昨	今
仁	慈	林	野	自	費	昨	今

88

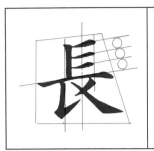   

長 官	壯 士	將 次	再 建
장관 : 국무를 분장한 행정 각부의 수뇌. ㉠ 財務長官(재무장관).	장사 : 기개와 체질이 썩 군센 이. ㉠ 壯士體格 (장사체격).	장차 : 차차. 앞으로. ㉠ 將次希望(장차희망).	재건 : 무너진 것을 다시 건설하는 것. ㉠ 國家再建(국가재건).

길 장	벼슬 관	씩씩할 장	선비 사	장수 장	버금 차	두 재	세울 건

材 料	栽 培	財 政	抵 當
재료 : 물건을 만드는데 드는 원료. ㉖ **材料購入** (재료구입).	재배 : 식용·약용·관상용 등의 목적으로 식물을 심어서 기름. ㉖ **栽培植物**(재배식물).	재정 : 국가·개인·단체 등이 재력을 취득하고 그것을 관리하기 위한 일체의 작용.	저당 : 채무의 담보로서 부동산·동산 등을 잡힘.㉖ **抵當權**(저당권).

材	料	栽	培	財	政	抵	當
재목 재	헤아릴 료	심을 재	북돋울 배	재물 재	정사 정	막을 저	마땅 당
材	料	栽	培	財	政	抵	當

低廉	著書	貯蓄	敵軍
저렴 : 물건·상품 등이 쌈. ㉔ 低廉價格(저렴 가격).	저서 : 책을 지음. 또는 그 책. ㉔ 著書出刊(저 서출간).	저축 : 모아 쌓아 둠. ㉔ 貯蓄預金(저축예금).	적군 : 적의 군대. 적의 군인. ㉔ 敵軍接戰(적군 접전).

低	廉	著	書	貯	蓄	敵	軍
낮을 저	청렴할 렴	나타날 저	글 서	쌓을 저	쌓을 축	대적할 적	군사 군

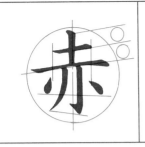   

赤道	適宜	傳承	展示
적도 : 지구의 중심을 통한 지축에 각각 평면이 지표와 교차된 선. ㉓ 赤道半徑(적도반경).	적의 : 걸맞아 하기에 적당함. ㉓ 使用適宜(사용적의).	전승 : 계통을 전하여 계승함. ㉓ 祕法傳承(비법전승).	전시 : 펴서 봄. 또는 보임. ㉓ 美術展示(미술전시).

赤	道	適	宜	傳	承	展	示
붉을 적	길 도	맞을 적	마땅할 의	전할 전	이을 승	펼 전	보일 시

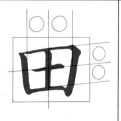			

田 園	戰 爭	錢 票	電 話
전원 : 논밭과 동산. 시골. 교외. ㉠ 田園生活 (전원생활).	전쟁 : 병력 또는 개인·단체 등의 의지에 대한 전투나 투쟁. ㉠ 犯罪戰爭(범죄전쟁).	전표 : 갖고 오는 이에게 돈을 치르도록 약속된 쪽지. (흔히 말하는 傳票와는 다름).	전화 : 전화기로 말을 통함. 또, 그말. ㉠ 電話 番號(전화번호).

田	園	戰	爭	錢	票	電	話
밭 전	동산 원	싸움 전	다툴 쟁	돈 전	표 표	번개 전	말씀 화

絶頂	接對	淨潔	停留
절정 : 산의 맨 꼭대기. 사물의 치오른 극도. 例 人氣絕頂(인기절정).	접대 : 응접하여 대면함. 例 接對費用(접대비용).	정결 : 정하고 깨끗함. 例 飮食淨潔(음식정결).	정류 : 멎어 섬. 머무름. 例 停留場(정류장).

絶	頂	接	對	淨	潔	停	留
끊을 절	정수리 정	접붙일 접	대할 대	깨끗할 정	깨끗할 결	머무를 정	머무를 류
絶	頂	接	對	淨	潔	停	留
絶	頂	接	對	淨	潔	停	留

貞 淑	精 神	制 度	諸 般
정숙 : 여자의 행실이 곧고 마음씨가 맑음. ㉔ **行實貞淑(행실정숙)**.	정신 : 마음이나 생각·지성적·이성적·능동적·목적의식적인 능력. ㉔ **精神教育(정신교육)**.	제도 : 정해진 법규. 마련된 법도. ㉔ **制度改善**(제도개선).	제반 : 모든 것. 여러가지의 것. ㉔ **諸般事項**(제반사항).

곧을 정	맑을 숙	정할 정	귀신 신	억제할 제	법 도	모두 제	옮길 반

製 造	條 件	鳥 類	朝 夕
제조 : 만듦. 지음. 원료에 인공을 가해 만듦. ㉠ 製造生産(제조생산).	조건 : 무슨 일을 어떻게 규정할까하는 항목. ㉠賣買條件(매매조건).	조류 : 척추동물로 온혈·난생이며 깃털의 몸과 날개와 부리가 있는 새의 총칭.	조석 : 아침과 저녁. ㉠ 朝夕問安(조석문안).

製	造	條	件	鳥	類	朝	夕
지을 제	지을 조	가지 조	사건 건	새 조	무리 류	아침 조	저녁 석

早速	調印	尊敬	卒業
조속 : 이르고도 빠름. ㉠ 早速時日内(조속시일내).	조인 : 약정서에 대표자가 서로 서명 날인하는 것. ㉠ 條約調印(조약조인).	존경 : 높여 공경함.	졸업 : 규정된 교과 또는 학과 과정을 마침. ㉠ 卒業式場(졸업식장).

早	速	調	印	尊	敬	卒	業
일찍 조	빠를 속	고를 조	도장 인	높을 존	공경 경	마칠 졸	업 업
早	速	調	印	尊	敬	卒	業

終 末	種 牛	宗 派	坐 禪
종말 : 끝판. 어떤 일의 진행이 멈추어 가는 과정. ㉠ 終末論者(종말론자).	종우 : 씨를 받을 소. ㉠ 種牛交接(종우교접).	종파 : 각기 주장하는 교리를 따라 갈라지는 파벌. ㉠ 佛教宗派(불교종파).	좌선 : 고요히 앉아 마음을 다스려 참선함. ㉠ 坐禪修養(좌선수양).

終	末	種	牛	宗	派	坐	禪
마칠 종	끝 말	씨 종	소 우	마루 종	물갈래 파	앉을 좌	고요할 선
終	末	種	牛	宗	派	坐	禪
終	末	種	牛	宗	派	坐	禪

罪 罰	注 視	株 式	晝 夜
죄벌 : 처벌함. 지은 죄에 대한 형벌.	주시 : 시력을 집중함. 눈독을 들여 잘봄. ㉠ 耳目注視(이목주시).	주식 : 자본확정의 원칙을 채택할 경우의 주식회사의 자본구성단위 ㉠ 株式去來(주식거래).	주야 : 낮밤. 낮과 밤. ㉠ 晝夜銀行(주야은행).

罪	罰	注	視	株	式	晝	夜
허물 죄	벌줄 벌	물댈 주	볼 시	그루 주	법식 식	낮 주	밤 야

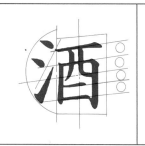			

酒店	住宅	朱黃	中興
주점 : 술집. 술과 안주를 파는 술집.	주택 : 사람이 들어 사는 집. 예 聯立住宅(연립주택).	주황 : 주황빛. 주홍색과 노랑색의 중간색. 예 朱黃色相(주황색상).	중흥 : 쇠하된 것이 중간에 다시 일어남. 예 民族中興(민족중흥).

酒	店	住	宅	朱	黃	中	興
술 주	가게 점	살 주	집 택	붉을 주	누를 황	가운데 중	일어날 흥

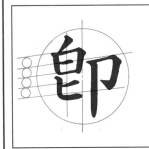			

卽 效	證 據	曾 祖	增 進
즉효 : 즉시에 나타난 보람. 효과. 예 感氣卽效 (감기즉효).	증거 : 증명할 수 있는 근거. 예 證據物品(증거물품).	증조 : 증조부 (아버지의 할아버지). 예 曾祖父母(증조부모).	증진 : 더하여 나아감. 또 나아가게함. 예 輸出增進(수출증진).

卽	效	證	據	曾	祖	增	進
곧 즉	본받을 효	증거 증	의지할 거	일찍 증	할아비 조	더할 증	나아갈 진

知 能	支 拂	止 揚	枝 葉
지능 : 두뇌의 작용. 미지의 상태·환경에 적응하는 능력. ㉠ 知能檢査 (지능검사).	지불 : 돈을 치러줌. 지급의 구용어. ㉠ 支拂期限(지불기한).	지양 : 어떤 것을 그 자체로서는 부정하면서, 도리어 한층 고차의 단계에서 이것을 살리는 일.	지엽 : 가지와 잎. 중요하지 않은 부분. ㉠ 枝葉的問題(지엽적문제).

知	能	支	拂	止	揚	枝	葉
알 지	능할 능	지탱할 지	떨칠 불	그칠 지	날릴 양	가지 지	잎 엽
知	能	支	拂	止	揚	枝	葉

   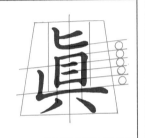

志 操	持 參	指 針	眞 理
지조 : 지켜 바꾸지 않는 지향 굳은 지기. 예 志操節概(지조절개).	지참 : 무엇을 가지고 가서 참석함. 예 印章持參(인장지참).	지침 : 사물의 방침. 지시 인도하는 요인. 예 企劃指針(기획지침).	진리 : 참. 진실. 참된 이치. 참된 도리. 예 眞理探究(진리탐구).

뜻 지	지조 조	가질 지	참여할 참	손가락 지	바늘 침	참 진	다스릴 리

質 的	集 計	執 權	借 用
질적 : 사물의 바탕이 되는 내용. ㉐ 質的發達 (질적발달).	집계 : 원표의 계수를 집합 합계함. ㉐ 月報集 計(월보집계).	집권 : 권력을 한 군데 중앙으로 집중시킴. ㉐ 執權統治(집권통치).	차용 : 물건을 빌리거나 돈을 꾸어 씀. ㉐ 借用 證書(차용증서).
質 的	集 計	執 權	借 用

바탕 질	과녁 적	모을 집	셈할 계	잡을 집	권세 권	빌릴 차	쓸 용
質	的	集	計	執	權	借	用

此 際	倉 庫	窓 戶	菜 刀
차제 : 이 때. 이 기회. ㉎ 此際分明(차제분 명).	창고 : 곳집. 곳간으로 지은 집. ㉎ 倉庫保管 (창고보관).	창호 : 창과 문의 통칭. ㉎ 窓戶紙(창호지).	채도 : 채칼. 무·오이 등 을 채치는 제구.㉎ 菜刀 果刀(채도과도).

此	際	倉	庫	窓	戶	菜	刀
이	차	가	제	곳집	창	곳집	고	창	창	집	호	나물	채	칼	도

採血	處所	天地	青年
채혈 : 진단·수혈 등을 위해 혈액을 채취함. ㉑ 採血採取(채혈채취).	처소 : 사람이 살거나 임시로 머물러 있는 곳. ㉑ 處所歸家(처소귀가).	천지 : 하늘과 땅. 우주. 세상. ㉑ 天地神明(천지신명).	청년 : 청춘기에 있는 젊은 사람. 특히 남자를 일컬음. ㉑ 青年青春(청년청춘).

採	血	處	所	天	地	青	年
캘 채	피 혈	곳 처	바 소	하늘 천	땅 지	푸를 청	해 년

晴 明	聽 聞	淸 算	體 溫
청명 : 날씨가 개어 맑고 밝음.	청문 : 퍼져 돌아다니는 소문. 설교·연설 따위를 들음. ㉐ 聽聞會(청문회).	청산 : 상호간에 채무·채권관계를 셈하여 깨끗이 정리함. ㉐ 去來淸算(거래청산).	체온 : 생물체가 가지고 있는 온도. ㉐ 體溫調節(체온조절).

晴	明	聽	聞	淸	算	體	溫
갤 청	밝을 명	들을 청	들을 문	맑을 청	셈할 산	몸 체	따뜻할 온

 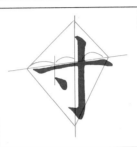  

草 案	寸 陰	最 初	追 加
초안 : 초 잡은 글발. 기초한 의안. ㉑ 法律草案 (법률초안).	촌음 : 얼마 못되는 시간. 매우 짧은 시간	최초 : 맨 처음. 처음 시작. ㉑ 最初發明(최초발명).	추가 : 나중에 더하여 보탬. ㉑ 追加金額(추가금액).

草	案	寸	陰	最	初	追	加
풀 초	책상 안	마디 촌	그늘 음	가장 최	처음 초	따를 추	더할 가

秋冬	推測	祝祭	春夏
추동 : 가을과 겨울. 가을 겨울. ㉾ 秋冬服裝 (추동복장).	추측 : 미루어 헤아림. ㉾ 推測誤認(추측오인).	축제 : 축하의 제전. ㉾ 大學祝祭(대학축제).	춘하 : 봄여름. 봄과 여름. ㉾ 春夏節氣(춘하절기).

秋	冬	推	測	祝	祭	春	夏
가을 추	겨울 동	미룰 추	측량할 측	빌 축	제사 제	봄 춘	여름 하

出 入	衝 突	充 滿	蟲 齒
출입 : 나감과 들어옴. 드나 듦. ㉑ 出入禁止 (출입금지).	충돌 : 서로 대질러서 부딪침. ㉑ 衝突事故(충돌사고).	충만 : 가득하게 참. ㉑ 生氣充滿(생기충만).	충치 : 벌레 먹은 이. ㉑ 蟲齒治療(충치치료).

出	入	衝	突	充	滿	蟲	齒
날 출	들 입	찌를 충	부딪칠 돌	가득할 충	찰 만	벌레 충	이 치

  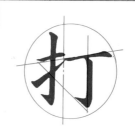 

忠 孝	快 哉	打 鐘	脫 線
충효 : 충성과 효도. 예 忠孝思想(충효사상).	쾌재 : 뜻대로 되어 만족스럽게 여김.	타종 : 종을 침. 예 打鐘信號(타종신호).	탈선 : 사물이 선로를 벗어남. 언행이 본디에서 벗어나 빗나감. 예 脫線行爲(탈선행위).

忠	孝	快	哉	打	鐘	脫	線
충성 충	효도 효	쾌할 쾌	어조사 재	칠 타	쇠북 종	벗어날 탈	실 선

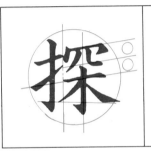   

探 訪	泰 山	太 陽	通 達
탐방 : 어떤 일의 진상을 탐문하려고 찾아봄. 예 探訪記者(탐방기자).	태산 : 높고 큰 산. 예 泰山峻嶺(태산준령).	태양 : 태양계의 중심을 이루는 발광체. 예 東海太陽(동해태양).	통달 : 막힘이 없이 환히 통함. 예 方面通達(방면통달).

探	訪	泰	山	太	陽	通	達
찾을 탐	찾을 방	클 태	뫼 산	클 태	볕 양	통할 통	통달할 달

統 治	退 院	投 機	特 活
통치 : 원수·지배자 등이 주권을 행사하여 국토 및 국민을 지배함. ⑩ 統治權(통치권).	퇴원 : 입원했던 환자가 병원에서 물러나옴. ⑩ 退院患者(퇴원환자).	투기 : 기회를 엿보아 큰 이익을 보려는 것. ⑩ 投機業者(투기업자).	특활 : 특별교육활동의 준말. ⑩ 特活活動(특활활동).

統	治	退	院	投	機	特	活
거느릴 통	다스릴 치	물러날 퇴	집 원	던질 투	베틀 기	특별 특	살 활

波及	破片	判定	貝物
파급 : 어떤 일의 여파나 영향이 차차 전하여 멀리 퍼짐. ㉐ 波及效果(파급효과).	파편 : 깨어진 조각들. ㉐ 爆彈破片(폭탄파편).	판정 : 판별하여 결정함. ㉐ 是非判定(시비판정).	패물 : 산호·호박·수정·대모 등으로 만든 물건.

波	及	破	片	判	定	貝	物
물결 파	미칠 급	깨뜨릴 파	조각 편	판단할 판	정할 정	조개 패	만물 물

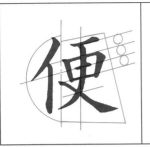   

便乘	平和	抱負	暴暑
편승 : 세태나 남의 세력을 이용하며 자신의 이익을 거둠. 예 時代便乘(시대편승).	평화 : 전쟁이 없이 세상이 평온함. 예 世界平和(세계평화).	포부 : 마음 속에 지닌 생각·계획·희망이나 자신. 예 抱負發表(포부발표).	폭서 : 폭염. 혹독하게 사나운 더위. 예 盛夏暴暑(성하폭서).

便	乘	平	和	抱	負	暴	暑
편할 편	탈 승	평평할 평	화할 화	안을 포	짐질 부	사나울 폭	더울 서

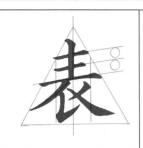 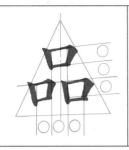  

表 皮	品 位	豐 滿	風 雨

표피 : 겉표면. 생물체의 외표면을 덮은 세포층. ㉞ 草木表皮(초목표피).

품위 : 도덕적 가치의 인격을 갖는 절대적인 가치의 특질. ㉞ 品位損傷(품위손상).

풍만 : 풍족하여 그득함. 몸이 비만함. ㉞ 肉體豐滿(육체풍만).

풍우 : 바람과 비. ㉞ 風雨被害(풍우피해).

表	皮	品	位	豐	滿	風	雨
겉 표	가죽 피	품수 품	자리 위	풍성할 풍	찰 만	바람 풍	비 우

  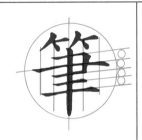 

彼我	必須	筆紙	河川
피아 : 그와 나. 例 彼我間(피아간).	필수 : 꼭 필요함. 例 必須條件(필수조건).	필지 : 붓과 종이.	하천 : 시내. 강. 例 山江河川(산강하천).

彼	我	必	須	筆	紙	河	川
저 피	나 아	반드시 필	모름지기수	붓 필	종이 지	물 하	내 천

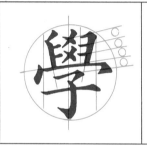   

學 識	閑 客	寒 暖	韓 美
학식 : 학문과 식견. 학문으로 얻은 지식. ⑩ 學識豊富(학식풍부).	한객 : 적적함을 면하기 위해 놀러오는 한가한 손님.	한난 : 추움과 따뜻함. ⑩ 寒暖冷溫(한난냉온).	한미 : 한국과 미국. ⑩ 韓美協定(한미협정).

學	識	閑	客	寒	暖	韓	美
배울 학	알 식	한가할 한	손 객	찰 한	따뜻할 난	나라 한	아름다울미

118

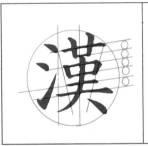   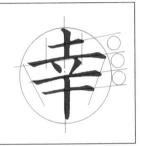

漢詩	降伏	恒常	幸福
한시 : 한문으로 된 시. ㉖ 漢詩表具(한시표구).	항복 : 힘이 다하여 적에게 굴복함. ㉖ 無條件降伏(무조건항복).	항상 : 언제나. 늘. ㉖ 恒常着用(항상착용).	행복 : 심신의 욕구가 충족되어 부족감이 없는 상태. ㉖ 幸福追求(행복추구).

漢	詩	降	伏	恒	常	幸	福
한수 한	글귀 시	항복할 항	엎드릴 복	항상 항	떳떳할 상	다행 행	복 복

香氣	許諾	虛勢	現場
향기 : 향냄새. 향내음. ㉔ 香料香氣(향료향기).	허락 : 청하는 일을 들어 줌. ㉔ 旅行許諾(여행허락).	허세 : 실상이 없는 기세. 허위. ㉔ 誇張虛勢(과장허세).	현장 : 일이 생긴 그 마당. 사물이 현존하는 곳. ㉔ 建設現場(건설현장).

香	氣	許	諾	虛	勢	現	場
향기 향	기운 기	허락할 허	대답할 낙	빌 허	기세 세	나타날 현	마당 장

賢妻	協同	形狀	呼訴
현처 : 어진 아내. ㉖ 賢母良妻(현모양처).	협동 : 마음과 힘을 합함. ㉖ 協同精神(협동정신).	형상 : 사물의 형체와 생긴 모양. ㉖ 形狀發見 (형상발견).	호소 : 제 사정을 관부나 남에게 하소연함. ㉖ 事情呼訴(사정호소).

어질 현	아내 처	화할 협	한가지 동	형상 형	형상 상	부를 호	하소연할소
賢	妻	協	同	形	狀	呼	訴

好言	或是	混合	紅顏
호언 : 친절하고 좋은 말.	혹시 : 만일에. 어떤 경우에. 행여나.	혼합 : 뒤섞여서 한곳에 합함. ㉔ 混合物質(혼합물질).	홍안 : 젊어 혈색이 좋은 얼굴.

好	言	或	是	混	合	紅	顏
좋을 호	말씀 언	혹 혹	이 시	섞을 혼	합할 합	붉을 홍	얼굴 안

畫家	貨主	花草	確認
화가 : 그림을 전문으로 그리는 사람.	화주 : 화물의 임자. 예 貨物主人(화물주인).	화초 : 꽃이 피는 풀과 나무. 예 觀賞用花草 (관상용화초).	확인 : 확실히 인정함. 예 確認節次 (확인절 차).

畫	家	貨	主	花	草	確	認
그림 화	집 가	재화 화	주인 주	꽃 화	풀 초	확실할 확	인정할 인

歡迎	患者	皇帝	厚德
환영 : 즐거운 뜻을 표하여 맞음㉔ 歡迎行事(환영행사).	환자 : 병자. 정신적으로나 육체적으로 고통 받는 병자㉔ 入院患者(입원환자).	황제 : 제국의 군주에 대한 존칭㉔ 皇帝王妃(황제왕비).	후덕 : 두터운 덕행. 덕행이 두터움㉔ 厚德仔詳(후덕자상).

歡	迎	患	者	皇	帝	厚	德
기뻐할 환	맞을 영	근심 환	놈 자	임금 황	임금 제	두터울 후	큰 덕

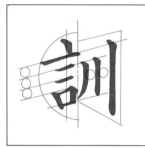			

訓示	黑字	希望	喜悅
훈시 : 직무상의 주의사항을 아랫사람에게 일러보임. 예 訓示內容(훈시내용).	**흑자 :** 세입이 세출을, 수입이 지출을 초과하여 생기는 잉여이익. 예 黑字赤字(흑자적자).	**희망 :** 어떤 일을 이루고자 또는 그걸 얻고자 바람. 예 合格希望(합격희망).	**희열 :** 기쁨과 즐거움. 예 快哉喜悅(쾌재희열).

訓	示	黑	字	希	望	喜	悅
가르칠 훈	보일 시	검을 흑	글자 자	바랄 희	바랄 망	기쁠 희	기쁠 열
訓	示	黑	字	希	望	喜	悅
訓	示	黑	字	希	望	喜	悅

특히 주의해야 할 획순

◆ 漢字를 쓸때에는 반드시 왼쪽에서 오른쪽 그리고 위에서 아래로 먼저 쓰며
대개 가로를 먼저쓰고, 세로를 나중에 쓴다.

九	力	乃	及	火
氷	上	左	右	女
心	必	方	房	州
田	里	馬	無	長
哀	兒	出	來	民
比	非	近	起	臣
青	門	狀	飛	書